RICETTARIO PER LA GRIGLIA A PELLET

Griglia a pellet con 50 ricette originali

Eleina Deiana

Tutti i diritti riservati.

Disclaimer

Le informazioni contenute in i intendono servire come una raccolta completa di strategie sulle quali l'autore di questo eBook ha svolto delle ricerche. Riassunti, strategie, suggerimenti e trucchi sono solo raccomandazioni dell'autore e la lettura di questo eBook non garantisce che i propri risultati rispecchino esattamente i risultati dell'autore. L'autore dell'eBook ha compiuto ogni ragionevole sforzo per fornire informazioni aggiornate e accurate ai lettori dell'eBook. L'autore e i suoi associati non saranno ritenuti responsabili per eventuali errori o omissioni involontarie che possono essere trovati. Il materiale nell'eBook può includere informazioni di terzi. I materiali di terze parti comprendono le opinioni espresse dai rispettivi proprietari. In quanto tale, l'autore dell'eBook non si assume alcuna

responsabilità per materiale o opinioni di terzi..

2

Sommario

INTRODUZIONE

se ti diverti una buona grigliata di tanto in tanto, ti perdi se non sei con Traeger Dopotutto, i Traeger sono griglie a legna. Alla fine della giornata, il legno e il propano vincono sempre. Il gusto di cuocere la tua carne su un fuoco di legna o carbone ti dà è superiore a qualsiasi altra cosa. La cottura della carne su legno conferisce un sapore eccellente.

Con qualsiasi altra griglia a pellet, dovrai monitorare costantemente il fuoco per evitare fiammate, rendendo il baby sitter un rompicoglioni.Tuttavia, Traeger ha una tecnologia integrata per garantire che i pellet vengano alimentati regolarmente. Per vedere quanto è caldo il grill misura e aggiunge o rimuove legna / pellet per controllare la temperatura Naturalmente, un grill Traeger ha una manopola di controllo della temperatura semplice da usare

Puoi scegliere tra griglie economiche e costose grigliate di Traeger. Scegli uno tra 19.500 BTU o 36.000 BTU. Anche tutto è possibile. Le prestazioni del grill variano con l'intensità della griglia.

Non sono solo griglie. Sono anche mixer. Tutta la zona cottura è oscurata da cappe che si possono tirare verso il basso. Il calore viene forzato nella zona di cottura È probabile che l'aria calda e il fumo vengano distribuiti uniformemente mentre il cibo cuoce nella pentola per questo motivo.

Inoltre, le griglie Traeger sono anche un forno a convezione. In generale, i Traeger sono abbastanza indulgenti. Solo per illustrare ... puoi usare un Traeger per cucinare una bistecca, oltre che una pizza. Ancora di più.

Utilizza anche meno energia. La configurazione iniziale richiede 300 watt. ma solo l'inizio del processo. Dopodiché, la lampadina utilizza solo 50 watt di potenza.

Cos'è il barbecue? Fumare o grigliare?

Sì e no. Sebbene l'uso più comune del termine "barbecue" descriva la griglia del cortile, alcune persone hanno una definizione diversa del termine. Il barbecue può essere diviso in due categorie: caldo e veloce e basso e lento.

Grigliare generalmente utilizza un calore diretto che varia tra 300-500 gradi. Fa un ottimo lavoro su bistecche, pollo, costolette e pesce. Mentre il cibo cuocerà, devi guardarlo attentamente per evitare che si bruci. Non assumerà un sapore meno affumicato. Principalmente, questo è un modo semplice e divertente per cucinare; hai tutto il tempo per uscire con i tuoi amici e la tua famiglia durante la grigliata.

È basso e lento. Il calore e le temperature indirette in un fumatore sono tipicamente compresi tra 200-275. Se sei mai stato a Kansas City, Memphis o in Texas, sai di cosa sto parlando. Un pezzo di carne affumicato lentamente e poco affumicato può impiegare da 2 a 15 ore per sviluppare appieno il suo sapore naturale. Quando guardi dentro una carne affumicata lentamente, "anello di fumo" rosa significa che la carne è stata nell'affumicatore per molto tempo

Come usare il legno nei fumatori di barbecue

L'essenza del buon affumicare il barbecue è il legno. È ciò che dà al piatto il suo sapore. Un tempo il legno era l'unico combustibile disponibile, ma controllare la temperatura e la quantità di fumo che raggiunge la carne è difficile. La maggior parte delle persone oggigiorno usa carbone di legna, gas, pellet o fumatori elettrici. Il legno viene aggiunto in pezzi, pellet o segatura, e fuma e produce una buona quantità di fumo.

L'errore più comune per i principianti è l'affumicatura eccessiva della carne. I principianti dovrebbero iniziare con una piccola quantità di legno e risalire. È un'idea sbagliata comune che dovresti immergere il legno prima di installarlo, ma non fa molta differenza. Il legno non assorbe bene l'acqua ed evapora rapidamente. Quando metti la legna inzuppata sui carboni di carbone, li raffredda e vuoi mantenere la temperatura costante quando affumichi la carne.

A seconda del tipo di legno che usi, il sapore che ottieni varia. Il miglior tipo di legno è il legno secco, non verde. È importante evitare legni contenenti linfa come pini, cedri, abeti, ciprioti, abeti rossi o sequoie quando si sceglie il legno. La linfa conferisce un sapore sgradevole alla carne. Inoltre, gli scarti di legname non dovrebbero mai essere utilizzati perché di solito sono trattati con prodotti chimici. Non è una buona idea fumare un barbecue. Hickory, mela, ontano e mesquite sono alcuni dei legni più popolari. Hickory e mesquite conferiscono alla carne un sapore potente, quindi è meglio per carni molto speziate come le costolette. Il legno di mela e ontano produce un fumo più dolce e leggero, ideale per carni non eccessivamente speziate, come pesce e pollo.

Puoi lanciare le patatine direttamente con il carbone in un affumicatore per barbecue a carbone. I pezzi di legno funzionano meglio sui barbecue a gas. Se hai problemi a far bruciare i pezzi di legno, prova ad avvolgerli nella carta stagnola e a tagliare delle fessure nella parte superiore. Metti i pezzi di legno in un sacchetto di alluminio sopra i carboni ardenti. In pochi minuti, il legno dovrebbe iniziare a bruciare. È fondamentale incorporare la legna nel processo di affumicatura del barbecue il prima possibile. Il fumo viene assorbito più facilmente dalla carne fredda.

Dovresti sempre pesare la quantità di legno che hai messo. Ciò ti consente di regolare la quantità ogni volta per ottenere l'effetto desiderato. A seconda dello spessore della carne, la quantità varierà. Per le costolette, 8 once per petto e maiale stirato e 2 once per pollo, tacchino e pesce, usa circa 4 once di legno.

Se la legna inizia a bruciare o c'è un lungo fumo di barbecue, potrebbe essere necessario essere creativi. Per isolare ulteriormente il legno, mettilo in una padella di ferro sopra le braci.

Per fumare più a lungo al barbecue, puoi anche creare una cosiddetta bomba fumogena. Riempi una teglia con abbastanza acqua per coprire i trucioli di legno e l'altra con abbastanza acqua per coprire i trucioli di legno. Quello che non è bagnato inizierà subito a bruciare. Quando l'acqua del secondo evapora, si accenderà e brucerà. Non dovrai continuare ad aprire la porta per aggiungere altra legna in questo modo.

CAPITOLO PRIMO
Vegano

1. Focaccia alla griglia

ingredienti

- ½ cubetto di lievito
- 1 cucchiaino di sciroppo d'agave
- 500 g di farina integrale
- 1 cucchiaino di sale
- 1 spicchio d'aglio
- 2 rametti di rosmarino
- 2 cucchiai di olio d'oliva

Fasi di preparazione

1. Sbriciolate il lievito in una piccola ciotola e versateci sopra lo sciroppo d'agave. Mettere da parte, circa 10 minuti, finché il lievito non si sarà sciolto e inizierà a bollire.

2. Mettete la farina e il sale in una ciotola. Aggiungere il lievito e 300 ml di acqua tiepida e lavorare fino ad ottenere un impasto liscio. Aggiungere un po 'più di acqua se necessario. Coprite l'impasto e lasciate riposare per circa 2 ore.

3. Nel frattempo schiacciare lo spicchio d'aglio. Cogli gli aghi di rosmarino dai rami. Scaldate l'olio d'oliva in una padella e lasciate in infusione l'aglio e il rosmarino per 10 minuti a fuoco basso.

4. Dividete l'impasto in quattro parti più o meno uguali e modellatele in torte ovali con le mani su un piano di lavoro leggermente infarinato. Spennellare la pasta frolla con l'olio al rosmarino e

grigliare sulla griglia con il coperchio chiuso per 3-4 minuti.

2. Torte di polenta e spinaci

ingredienti

- 200 g di foglie di spinaci freschi
- 1 litro di brodo vegetale
- 4 cucchiai di olio d'oliva
- 2 rametti di rosmarino
- 300 g di polenta
- sale
- pepe dal mulino
- noce moscata appena macinata
- 1 bulbo d'aglio

Fasi di preparazione

1. Dividere gli spinaci, eliminare i gambi duri, lavarli, asciugarli e tritarli finemente. Portare a ebollizione il brodo vegetale con 1 cucchiaio di olio d'oliva. Lavate il rosmarino e aggiungetelo al brodo. Incorporate la polenta, togliete dal fuoco e lasciate in ammollo per circa 15 minuti. Mescola di tanto in tanto. Togliere il rosmarino e unire gli spinaci alla polpa di polenta. Condire a piacere con sale, pepe e noce moscata. Stendete su una teglia rivestita di carta da forno e lasciate riposare.

2. Riscalda la griglia. Spennellate la polenta con il resto dell'olio d'oliva. Dividete il bulbo d'aglio nei singoli spicchi. Tagliare la polenta a ca. 12 pezzi e distribuire su due ciotole della griglia. Cospargere con l'aglio. Grigliare per circa 10 minuti, girando una volta.

3. Spiedini di patate dolci e avocado

ingredienti

- 500 g di patate dolci grandi (1 patata dolce grande)
- sale
- 350 g di avocado piccolo (2 avocado piccoli)
- 3 cucchiai di olio di sesamo
- Pepe
- 2 spicchi d'aglio
- 20 g di zenzero (1 pezzo)
- 4 gambi di coriandolo
- 1 peperoncino rosso
- ½ cucchiaino di pepe in grani
- ½ cucchiaino di semi di coriandolo

- 2 cucchiai di succo di lime
- 1 cucchiaino di sciroppo d'agave
- 2 cucchiai di aceto di riso
- 2 cucchiai di salsa di soia

Fasi di preparazione

1. Pelare la patata dolce, tagliarla a pezzetti e cuocerla in acqua bollente salata per circa 5 minuti. Quindi scolare e scolare bene.

2. Nel frattempo sbucciare gli avocado, tagliarli a metà, togliere il torsolo, togliere la polpa dalla pelle con un cucchiaio e tagliarli a pezzetti. Adagiare pezzi alternati di patata dolce su 8 spiedini di legno, spennellare con 1 cucchiaio di olio e condire con sale e pepe. Grigliare gli spiedini sulla griglia preriscaldata per circa 5 minuti, rigirandoli di tanto in tanto.

3. Nel frattempo sbucciate l'aglio e lo zenzero per il condimento e tritateli

entrambi molto finemente. Lavate il coriandolo, asciugatelo e tritatelo finemente. Tagliare a metà il peperoncino nel senso della lunghezza, togliere il torsolo, lavare e tritare. Pestare finemente il pepe ei semi di coriandolo in un mortaio. Mescolare entrambi con aglio, zenzero, coriandolo e peperoncino con l'olio rimanente, il succo di lime, lo sciroppo d'agave, l'aceto di riso e la salsa di soia e condire a piacere.

4. Disporre gli spiedini nei piatti e condire con il condimento.

4. Patate al limone grigliate

ingredienti

- 800 g di patate piccole
- sale
- 3 spicchi d'aglio
- 1 limone biologico
- 4 cucchiai di olio d'oliva
- Pepe

Fasi di preparazione

1. Lavate le patate e pre-cuocetele in acqua bollente salata per circa 15 minuti. Nel frattempo riscaldate la griglia.

2. Pelare l'aglio e tagliarlo a listarelle fini. Lavare il limone con acqua calda, asciugarlo tamponando, strofinare la

buccia e spremere il succo. Mescolare entrambi con l'aglio e l'olio, sale e pepe. Scolare le patate, farle evaporare, tagliare a metà le patate grandi se necessario e unirle alla marinata.

3. Mettere le patate in una ciotola e grigliare fino a doratura, girandole di tanto in tanto.

4. Servire in piccole ciotole.

5. Patate dolci con pistacchi

ingredienti

- 1000 g di patate dolci (4 patate dolci)
- sale
- 10 g di prezzemolo (0,5 mazzetto)
- 1 cipollotto
- 60 g di pistacchi
- 1 lime (succo)
- 10 g di senape più acuta (1 cucchiaio)
- 2 cucchiai di sciroppo d'acero
- 2 cucchiai di olio d'oliva
- Pepe
- 1 cucchiaino di olio di colza

Fasi di preparazione

1. Lavate bene le patate dolci e fatele cuocere in acqua bollente salata per circa 20 minuti a fuoco basso. Quindi rimuovere, scolare e lasciare raffreddare.

2. Nel frattempo lavate il prezzemolo, asciugatelo, staccate le foglie e tritatelo. Mondate e lavate i cipollotti e tagliateli a rondelle sottili. Tritate grossolanamente i pistacchi e mescolateli con il prezzemolo e il cipollotto.

3. Per il condimento, mescolare il succo di lime con la senape, lo sciroppo d'acero e l'olio d'oliva e condire con sale e pepe.

4. Ungere leggermente la griglia con 1/2 cucchiaino di olio di colza. Tagliare a metà le patate dolci nel senso della lunghezza e ricoprire sottilmente le superfici tagliate con il resto dell'olio di colza. Posizionare le patate dolci con la superficie tagliata rivolta verso il basso sulla griglia preriscaldata e grigliare per

7-10 minuti finché non sono cotte e hanno un bel motivo alla griglia.

5. Disporre le patate dolci nei piatti, aggiustare di sale, condire con condimento e cospargere con il composto di pistacchi.

6. Cipolline alla griglia

ingredienti

- Cipolline rosse a 14 poli
- 2 rametti di rosmarino
- 4 fogli di acetosa
- 4 cucchiai di olio d'oliva
- sale
- Pepe

Fasi di preparazione

1. Lavare bene i cipollotti, tagliare le radici grossolane e metterli in un arrosto di alluminio. Lavate il rosmarino e l'acetosella, asciugateli e metteteli nella teglia.

2. Condire il tutto con olio d'oliva, sale e pepe. Grigliare sulla griglia preriscaldata per circa 5 minuti, girando più volte.

7. Mais e zucca grigliati

ingredienti

- 2 pannocchie
- sale
- 400 g di polpa di zucca hokkaido
- 2 peperoncini rossi
- 2 spicchi d'aglio
- 4 gambi di timo
- 4 cucchiai di olio d'oliva
- pepe dal mulino

Fasi di preparazione

1. Lavate le pannocchie e fatele cuocere in abbondante acqua salata per circa 10

minuti fino a renderle morbide. Quindi consentire lo scarico.

2. Lavare accuratamente la zucca e tagliarla a spicchi spessi 2-3 cm. Lavare i peperoncini, tagliarli a metà, togliere il torsolo e tagliare a rondelle sottili. Pelare gli spicchi d'aglio e tagliarli a fettine sottili. Lavate il timo, asciugatelo e staccate le foglie dal gambo. Mettere da parte due gambi per la guarnizione.

3. Fare una marinata con olio d'oliva, peperoncino, aglio, sale, pepe e timo e spennellare gli spicchi di zucca e il mais. Mettere le verdure nelle ciotole della griglia, irrorare con la marinata rimanente e cuocere sulla griglia calda per circa 20 minuti, girando più volte. Disporre gli spicchi di zucca e il mais su un piatto da portata e guarnire con il timo.

8. Pomodori cous cous grigliati

ingredienti

- sale
- 2 cucchiai di olio d'oliva
- 200 g di cous cous istantaneo
- 50 g di pinoli
- ½ prezzemolo tritato
- 1 mazzetto di cipolline
- 30 g di uva sultanina
- 1 cucchiaino di paprika rosa piccante in polvere
- 1 cucchiaino di cannella
- Pepe
- 1200 g di pomodori (6 pomodori)

Fasi di preparazione

1. Portare a ebollizione 250 ml di acqua salata con l'olio. Togliete dal fuoco e versate il cous cous.

2. Mescolate brevemente, coprite e lasciate in ammollo per 5 minuti.

3. Mettete in una ciotola e pelate con una forchetta.

4. Tostare i pinoli in padella senza grasso.

5. Lavate il prezzemolo, asciugatelo e tritate le foglie. Mondate, lavate e affettate sottilmente i cipollotti.

6. Mescolare il cuscus con i pinoli, il prezzemolo, i cipollotti, l'uva sultanina, la paprika e la cannella. Condire con sale e pepe.

7. Lavare i pomodori. Tagliate un coperchio e grattate via i semi con un cucchiaio.

8. Condire l'interno dei pomodori con sale e pepe e farcire con il cuscus. Rimetti le coperte.

9. Grigliare i pomodori su una teglia leggermente unta sulla griglia a temperatura media per 10 minuti. Copri i pomodori con una ciotola di metallo (o grigliali sotto una griglia a bollitore chiusa, se ne hai una).

9. Finocchi alla griglia

ingredienti

- 4 tuberi di finocchio
- 2 cucchiai di olio d'oliva
- 1 rametto di rosmarino
- sale
- pepe dal macinino

Fasi di preparazione

1. Mondare e lavare il fechel e tagliarlo a fette nel senso della lunghezza. Posizionare su un tavolo o su una griglia a carbone e grigliare per 2-3 minuti su ciascun lato.

2. Spezzare il rosmarino e metterlo tra le fettine di finocchio ben calde. Condire il finocchio con olio d'oliva e condire con sale e pepe. Servite subito.

10. Carciofi alla griglia con prezzemolo

ingredienti

- 1 spicchio d'aglio
- 3 cucchiai di olio d'oliva
- 16 piccoli cuori di carciofo
- 1 cucchiaio di succo di limone per condire
- sale
- pepe dal mulino
- 2 cucchiai di prezzemolo tritato

Fasi di preparazione

1. Pelate lo spicchio d'aglio, tritatelo molto finemente e mescolatelo con l'olio.

2. Pulite i carciofi lasciando riposare parte del gambo e sbucciateli. Tagliare i carciofi puliti nel senso della lunghezza a fette spesse circa 1 cm e irrorare immediatamente con il succo di limone. Salare, pepare e grigliare sulla griglia per ca. 2 minuti da ambo i lati (in alternativa friggere in una padella con un filo d'olio d'oliva).

3. Togliete dalla griglia e mettete in una ciotola, irrorate con l'olio all'aglio e servite tiepide mescolate al prezzemolo.

CAPITOLO DUE
Contorni

11. Ketchup di pomodoro piccante

ingredienti

- 1 ½ kg di pomodori
- 2 cipolle
- 2 spicchi d'aglio
- 150 g di mele piccole (1 mela piccola)
- 2 cucchiai di olio d'oliva
- 3 cucchiai di sciroppo d'acero
- 6 grani di pimento
- 1 cucchiaino di pepe in grani
- 1 cucchiaio di semi di senape

- 1 foglia di alloro
- 1 chiodo di garofano
- 100 ml di aceto di mele
- sale
- peperoncino di Cayenna
- polvere di cannella

Fasi di preparazione

1. Mondate, lavate e tritate i pomodori. Pelare e tritare le cipolle e l'aglio. Mondare la mela, tagliarla a metà, togliere il torsolo e tagliare a cubetti.

2. Scalda l'olio in una pentola. Soffriggi le cipolle, l'aglio e la mela a fuoco medio per 2 minuti. Versare sopra lo sciroppo d'acero e caramellare dolcemente per 5 minuti mescolando. Aggiungere pimento, pepe, senape, alloro e chiodi di garofano e cuocere per 3 minuti. Aggiungere i pomodori e l'aceto e lasciare cuocere a fuoco lento per circa 30 minuti, mescolando di tanto in tanto.

3. Passate il composto di pomodoro al setaccio, rimettetelo nella pentola, portate a ebollizione e lasciate cuocere per circa 10 minuti a fuoco basso. Condire i pomodori con sale, pepe di Caienna e un pizzico di cannella, versare in bottiglie pulite e chiudere bene. (Periodo di validità: circa 2-3 settimane)

12. Carote alla griglia

ingredienti

- 800 g di carote
- 3 cucchiai di olio d'oliva
- ½ cucchiaino di miele liquido
- 1 ½ cucchiaio di succo d'arancia
- ½ cucchiaino di origano essiccato
- sale marino
- Pepe

Fasi di preparazione

1. Mondate, pelate e tagliate a metà le carote nel senso della lunghezza. Mescolare l'olio con il miele, il succo d'arancia e l'origano. Spennellate la

superficie tagliata delle carote e mettetele sulla griglia ben calda.

2. Chiudere il coperchio e grigliare le carote per circa 6 minuti. Condite con sale, pepe e servite su 4 piatti.

13. Focaccia alla griglia

ingredienti

- ½ cubetto di lievito
- 1 cucchiaino di sciroppo d'agave
- 500 g di farina integrale
- 1 cucchiaino di sale
- 1 spicchio d'aglio
- 2 rametti di rosmarino
- 2 cucchiai di olio d'oliva

Fasi di preparazione

1. Sbriciolate il lievito in una piccola ciotola e versateci sopra lo sciroppo d'agave. Mettere da parte, circa 10 minuti, finché il lievito non si sarà sciolto e inizierà a bollire.

2. Mettete la farina e il sale in una ciotola. Aggiungere il lievito e 300 ml di acqua tiepida e lavorare fino ad ottenere un impasto liscio. Aggiungere un po 'più di acqua se necessario. Coprite l'impasto e lasciate riposare per circa 2 ore.

3. Nel frattempo schiacciare lo spicchio d'aglio. Cogli gli aghi di rosmarino dai rami. Scaldate l'olio d'oliva in una padella e lasciate in infusione l'aglio e il rosmarino per 10 minuti a fuoco lento.

4. Dividere l'impasto in quattro parti più o meno uguali e formare delle torte di pasta ovali con le mani su un piano di lavoro leggermente infarinato. Spennellare la

pasta frolla con l'olio al rosmarino e grigliare sulla griglia con il coperchio chiuso per 3-4 minuti.

14. Pannocchia di mais alla griglia con parmigiano

ingredienti

- 4 pannocchie
- sale
- 1 pizzico di zucchero
- 50 g di parmigiano (1 pezzo)
- 1 lime
- 2 cucchiai di olio di girasole
- 30 g di burro allo yogurt (2 cucchiai)

- sale marino
- polvere di peperoncino

Fasi di preparazione

1. Pulire le pannocchie e cuocere a fuoco lento in acqua bollente con sale e zucchero a fuoco basso per circa 15 minuti.

2. Nel frattempo grattugiare il parmigiano. Lavare il lime con acqua calda e tagliarlo a quarti.

3. Togli le pannocchie dalla pentola e scolale. Quindi spalmare un sottile strato di olio e grigliare sulla griglia calda per 10 minuti, girando di tanto in tanto.

4. Coprire la pannocchia di mais con fiocchi di burro, condire con sale e peperoncino e spolverare con parmigiano. Servire i quarti di lime con le pannocchie.

15. Patate alla griglia con erbe aromatiche

ingredienti

- 800 g di patate cerose
- sale
- 1 rametto di rosmarino
- 1 spicchio d'aglio
- 1 scalogno
- 6 cucchiai di olio d'oliva
- olio per la griglia
- erbe fresche miste per guarnire
- 1 cucchiaio di succo di limone per condire

Fasi di preparazione

1. Lavate bene le patate e pre-cuocetele in acqua bollente salata per circa 20 minuti.

2. Nel frattempo riscaldate la griglia.

3. Lavate il rosmarino, shakeratelo per asciugarlo, privatelo degli aghi e tritatelo finemente. Pelare l'aglio e lo scalogno, tritarli anch'essi finemente e mescolarli con il rosmarino, l'olio, il sale e il pepe.

4. Scolare le patate, farle evaporare, tagliarle a metà, mescolarle con l'olio alle erbe e disporle con la superficie tagliata rivolta verso il basso sulla griglia ben calda e unta d'olio. Grigliare per 3-4 minuti, girare e grigliare per altri 3-4 minuti. Spennellate ripetutamente con il resto della marinata.

5. Servire le patate con erbe fresche, condire con succo di limone e servire subito.

16. Zucchine alla griglia con formaggio di pecora

ingredienti

- 600 g di zucchine
- 3 spicchi d'aglio
- 8 cucchiai di olio d'oliva
- sale
- Pepe
- 150 g di feta (45% di grasso sulla sostanza secca)
- 2 gambi di menta per guarnire

Fasi di preparazione

1. Mondare e lavare le zucchine e tagliarle in diagonale a ca. Fette spesse 0,7 cm. Pelate e tritate l'aglio e mescolatelo con

olio, sale e pepe, irrorate con le fette di zucchine e lasciate in infusione per circa 1 ora.

2. Nel frattempo sbriciolare la feta a pezzi, lavare la menta, shakerare per asciugare e togliere le foglie. Riscaldare la griglia, posizionare le fette di zucchine sulla griglia calda e grigliare per 6–8 minuti girandole. Condisci con l'olio all'aglio più e più volte. Cospargere di feta e servire nei piatti guarniti con la menta.

17. Melanzane con semi di melograno

ingredienti

- 600 g di melanzane (2 melanzane)
- sale
- 1 melograno
- 10 g di prezzemolo (0,5 mazzetto)
- 1 spicchio d'aglio
- 3 cucchiai di olio d'oliva
- mare grosso sale
- 1 cucchiaio di aceto balsamico

Fasi di preparazione

1. Mondate e lavate le melanzane, tagliatele a metà nel senso della lunghezza, aggiustate di sale e lasciate riposare per 10 minuti.

2. Nel frattempo tagliate a metà la melagrana e privatela dei semi dei semi. Lavate il prezzemolo, asciugatelo, privatelo delle foglie e tritatelo. Pelate e tritate finemente l'aglio e mescolatelo con 2 cucchiai d'olio.

3. Asciugare le melanzane e spennellarle con metà dell'olio all'aglio. Grigliare le melanzane sulla griglia preriscaldata per circa 10-12 minuti, girandole di tanto in tanto e spennellando con l'olio rimanente.

4. Per servire cospargere le melanzane con semi di melograno, sale marino e prezzemolo e irrorare con aceto balsamico.

18. Pomodori alle erbe grigliati

ingredienti

- 8 pomodori bistecca maturi
- 4 cucchiai di olio extravergine d'oliva
- 10 g origano (0,5 mazzetti)
- 2 spicchi d'aglio
- sale
- Pepe

Fasi di preparazione

1. Lavate e tagliate a metà i pomodori, spennellateli con un filo d'olio, mettete la superficie tagliata su un tavolo o su una griglia a carbonella e grigliate fino a doratura in pochi minuti. Nel frattempo lavate l'origano, shakeratelo per

asciugarlo e privatelo delle foglie. Pelate l'aglio. Taglia entrambi.

2. Mescolare il restante olio con origano, aglio, sale e pepe. Spennellate le superfici tagliate dei pomodori caldi con il composto e servite ben caldo.

19. Lattuga romana grigliata con condimento alla menta

ingredienti

- 30 g di pinoli (2 cucchiai)
- 2 gambi di menta
- 3 cucchiai di olio d'oliva
- sale
- Pepe
- 1 cucchiaio di succo di limone
- 600 g di cuore di insalata romana (4 cuori di insalata romana)
- 30 g di parmigiano (1 pezzo; 30% di grasso sulla sostanza secca)
- 200 g di pane integrale di farro

Fasi di preparazione

1. Tostare i pinoli in una padella calda a fuoco medio senza grassi. Nel frattempo lavate la menta, scuotetela per asciugarla e privatela delle foglie. Frullare finemente le foglie con olio e 2-3 cucchiai d'acqua. Condite con sale, pepe e succo di limone.

2. Lavate i cuori di lattuga, scuoteteli per asciugarli e tagliateli a metà nel senso della lunghezza. Spennellare con 1 cucchiaio di olio condimento e cuocere per 5 minuti sulla griglia preriscaldata, girando di tanto in tanto. Nel frattempo affettate il parmigiano.

3. Disporre i cuori di lattuga su un piatto da portata, irrorare con il restante olio di condimento e spolverare con pinoli e parmigiano.

4. Arrostire la baguette sulla griglia e servire con l'insalata.

20. Spiedini di verdure grigliate

ingredienti

- 2 peperoni gialli
- 2 peperoni rossi
- 6 cipolle bianche piccole
- 2 zucchine
- 8 funghi
- 3 cucchiai di olio d'oliva
- sale
- Pepe
- 2 cucchiaini di erbe essiccate di Provenza
- 4 rami di rosmarino

Fasi di preparazione

1. Lavare, tagliare a metà e togliere il torsolo ai peperoni e tagliarli a pezzetti.

Pelate e tagliate a metà le cipolle. Lavate e mondate le zucchine e tagliatele a fette spesse 1 cm. Mondate e tagliate in quarti i funghi.

2. Mettere le verdure e i funghi alternativamente su lunghi spiedini. Spennellate ciascuna con un filo d'olio e condite con sale, pepe e le erbe aromatiche. Lavate il rosmarino, asciugatelo e mettetelo sulla griglia ben calda insieme agli spiedini di verdura. Grigliare per circa 8 minuti su tutti i lati girando. Servite subito.

CAPITOLO TRE
Pesce e frutti di mare

21. Orata alla griglia

ingredienti

- 2 lime
- 2 spicchi d'aglio
- 5 cucchiai di olio d'oliva
- sale
- Pepe
- 1600 g di orata (pronta per la cottura; 4 doraden)

Fasi di preparazione

1. Lavare i lime con acqua calda, asciugarli tamponando, grattugiare finemente 1 buccia di frutta e spremere il succo.

2. Pelare e strizzare l'aglio e mescolare con la scorza di lime, il succo e l'olio. Condire con sale e pepe.

3. Sciacquare l'orata sotto l'acqua fredda, asciugarla tamponando e cospargere l'interno e l'esterno con la marinata. Mettere su una griglia.

4. Tagliare il resto del lime a fettine, aggiungere, chiudere la griglia e cuocere l'orata sulla griglia preriscaldata a fuoco medio per 15-20 minuti, girando una volta in mezzo.

22. Sarde alla griglia con sale al rosmarino

ingredienti

- 12 sarde
- pepe fuori dai guai
- succo di limone
- olio d'oliva
- 12 fette di pane bianco o ciabatta
- 1 rametto di rosmarino
- 150 g di sale marino

Fasi di preparazione

1. Riscalda la griglia.
2. Lavare le sarde, asciugarle, togliere la testa e le pinne, dispiegarle, togliere con cura l'osso centrale e pepare i filetti su

entrambi i lati, irrorare con un po 'di succo di limone e olio d'oliva e grigliare sulla griglia calda per circa 3 minuti per lato . Mettere il pane sulla griglia e arrostirlo su entrambi i lati.

3. Nel frattempo lavate il rosmarino, scuotetelo per asciugarlo, privatelo degli aghi, tritatelo finemente e tritatelo finemente con il sale in un mortaio.

4. Disporre i filetti di sarde sulle fette di pane e servire cospargendo di sale al rosmarino.

23. Salmone al pepe alla griglia

ingredienti

- 1 limone biologico
- 30 g di burro allo yogurt
- 1 cucchiaino di senape dolce
- 800 g di cotoletta di salmone (4 cotolette di salmone)
- sale pepe colorato macinato grossolanamente

Fasi di preparazione

1. Lavate il limone con acqua calda, asciugatelo e strofinate finemente circa 2 cucchiaini della buccia. Tagliare a metà il limone, spremere la metà grattugiata e tagliare a fette l'altra metà per la guarnizione.

2. Sciogliere il burro in una piccola casseruola a fuoco medio. Aggiungere la senape, il succo di limone e la scorza.

3. Sciacquare le cotolette di salmone, asciugarle e spennellarle con il burro al limone su entrambi i lati.

4. Condire con sale e abbondante pepe colorato macinato grossolanamente. Grigliare su una teglia per 5-7 minuti su ciascun lato. Servire con spicchi di limone.

24. Spiedini di gamberi alla griglia

ingredienti

- 700 g gamberoni pronti da cuocere, pelati e sgusciati
- 100 ml di salsa al peperoncino in agrodolce

Fasi di preparazione

1. Riscalda la griglia.
2. Lavate i gamberi, asciugateli, mescolateli con la salsa al peperoncino, attaccateli su spiedini di legno e metteteli sulla griglia ben calda. Grigliare tutto intorno per circa 4 minuti e servire su taglieri. Servire con insalata se ti piace.

25. Spiedini di pesce alla griglia

ingredienti

Per gli spiedini

- 1 zucchina
- 200 g di filetto di salmone pronto da cuocere, senza pelle
- 200 g di filetto di lucioperca pronto da cuocere, con la pelle
- 200 g di gamberetti pronti da cuocere, pelati e sgusciati
- 2 lime non trattati
- 1 cucchiaino di pepe rosso in grani
- ½ cucchiaino di pepe nero in grani
- sale marino
- 4 cucchiai di olio d'oliva

Per il tuffo

- 500 g di yogurt naturale
- pepe dal mulino
- zucchero

Fasi di preparazione

1. Lavate e mondate le zucchine e tagliatele a fette spesse 1 cm. Lavate il pesce, asciugatelo e tagliatelo a cubetti della grandezza di un boccone. Lavate i gamberi. Sciacquare i lime con acqua calda, strofinare la buccia di un lime e spremere il succo. Tagliare a fettine il lime rimasto. Schiacciare grossolanamente i grani di pepe in un mortaio e mescolare con una generosa presa di sale, l'olio e metà del succo di lime. Adagiare i cubetti di pesce alternativamente con le fette di zucchine e i gamberi su spiedini di kebab e ricoprire con la marinata al lime. Lascialo in infusione per 30 minuti.

2. Per la salsa, mescolare lo yogurt con il resto del succo di lime, mescolare con sale, pepe e un pizzico di zucchero, riempire le ciotole e guarnire con la scorza di lime. Mettere gli spiedini insieme alle fettine di lime su una griglia calda e grigliare per 8-10 minuti, girandoli di tanto in tanto. Servire con la salsa.

26. Filetti di merluzzo alla griglia

ingredienti

- 2 rametti di rosmarino
- 1 arancia biologica
- 800 g di filetto di merluzzo (4 filetti di merluzzo)
- sale
- Pepe
- 1 cucchiaio di olio di colza

Fasi di preparazione

1. Lavare il rosmarino e scuotere per asciugare. Taglia 1 ramo in 4 pezzi; Spennate i restanti aghi di rosmarino e tritateli molto finemente.

2. Lavate l'arancia, asciugatela e tagliate 8 fettine sottili dal centro (usate il resto per altri scopi).

3. Sciacquare i filetti di merluzzo e asciugarli tamponando. Condite con sale, pepe e il rosmarino tritato.

4. Mettere 1 pezzo di rosmarino e 2 fette d'arancia su ciascuno dei filetti di pesce. Fissare con filo da cucina.

5. Cospargere una pirofila di alluminio con l'olio. Posizionare sopra le bustine di filetto di pesce e grigliare su entrambi i lati per circa 4-5 minuti.

27. Gamberoni al limone grigliati

ingredienti

- 2 spicchi d'aglio
- ½ succo di limone non trattato
- 6 cucchiai di olio d'oliva
- sale
- pepe dal mulino
- 700 g di gamberetti pronti da cuocere, pelati e sgusciati
- 1 limone non trattato

Fasi di preparazione

1. Riscalda la griglia.
2. Pelate e tritate l'aglio. Mescolare con il succo di limone, olio, sale e pepe e

marinare per 30 minuti i gamberi lavati. Quindi attaccare gli spiedini di kebab e grigliare per 2-3 minuti su ciascun lato. Tagliate i limoni a fettine e metteteli sulla griglia

3. Disporre gli spiedini con le fettine di limone nei piatti e servire.

28. Spiedini di tonno e lime alla griglia

ingredienti

- 600 g di filetto di tonno
- 2 peperoni verdi
- 2 cipolle
- olio d'oliva
- 2 lime non trattati
- 1 cucchiaino di miele
- sale
- pepe dal mulino

Fasi di preparazione

1. Sciacquare il tonno e asciugarlo tamponando. Tagliarla a pezzettini. Lavare i peperoni, tagliarli a metà, pulirli e anche tagliarli a pezzetti. Pelare le

cipolle e tagliarle a spicchi. Adagiare sugli spiedini di legno alternativamente con il tonno e il peperone. Spennellate con olio d'oliva e grigliate sulla griglia per circa 5 minuti su tutti i lati, girando di tanto in tanto.

2. Lavate i lime con acqua calda, asciugateli e strofinate la buccia. Spremi il succo. Mescolare entrambi con il miele e 2-3 cucchiai di olio d'oliva. Aggiustare di sale e pepe.

3. Disporre gli spiedini sui piatti e servire conditi con la salsa al lime.

29. Calamari alla griglia con paprika affumicata in polvere

ingredienti

- 2 cucchiaini di paprika affumicata in polvere
- sale
- pepe dal mulino
- 4 cucchiai di olio d'oliva
- 800 g di calamari freschi
- succo di limone qb

Fasi di preparazione

1. Mescolare la paprika in polvere con sale, pepe e olio. Lavate e mondate i calamari, tagliateli a pezzi grossi, mescolateli con l'olio e lasciate riposare per 15 minuti.

2. Preriscaldare la griglia e grigliare i calamari a fuoco medio per 3-4 minuti.

3. Disponete in una terrina e condite con un po 'di succo di limone se gradite.

30. Pacchetto halibut

ingredienti

- 2 tuberi di finocchio
- 400 g di patate cerose grandi
- sale
- 1 limone biologico piccolo
- 5 gambi di basilico
- 3 cucchiai di olio d'oliva
- 900 g di filetto di halibut (6 filetti di halibut)
- Pepe

Fasi di preparazione

1. Lavate e mondate i bulbi di finocchio, ritagliate il gambo a spicchio e tagliate i bulbi a listarelle sottili.
2. Lavare e pelare le patate e tagliarle a cubetti di 1 cm.
3. Cuocere i cubetti di patate in acqua bollente salata per 7 minuti.
4. Dopo 4 minuti aggiungere le strisce di finocchio alle patate.
5. Scolare le verdure, tenerle brevemente sotto l'acqua fredda (dissetarsi) e scolarle bene.
6. Risciacquare il limone con acqua calda, strofinare a secco. Grattugiare finemente la buccia, quindi spremere il limone. Lavare il basilico, shakerare per asciugare, spennare le foglie e tagliarlo a listarelle molto fini.
7. Taglia 6 fogli di alluminio a una dimensione di ca. 30x30 cm. Distribuire

1 cucchiaino di olio d'oliva su ogni foglio di carta stagnola.

8. Lavare i pezzi di halibut, asciugarli e distribuirli sui pezzi di carta stagnola, condire con sale e pepe.

9. Distribuire le verdure sui pezzi di pesce e condire leggermente con sale e pepe.

10. Mettere un po 'di succo di limone, scorza di limone e basilico su ogni pezzo di pesce.

11. Avvolgi strettamente i pezzi di pesce nella pellicola.

12. Grigliare i fagottini sulla griglia medio-calda per 10 minuti su un lato.

CAPITOLO QUATTRO
Insalate alla griglia

31. insalata di noodle alla frutta

ingredienti

- 150 g di croissant integrali
- sale
- 75 g di piselli (surgelati)
- 100 g di prosciutto cotto
- 75 g di edam (30% di grasso sulla sostanza secca)
- 125 g di yogurt (0,3% di grassi)
- 2 cucchiai di crema per insalata leggera
- 2 arance piccole
- sale

- Pepe
- ½ limone

Fasi di preparazione

1. Cuocere la pasta in abbondante acqua salata secondo le istruzioni riportate sulla confezione.

2. Nel frattempo tagliare il prosciutto e il formaggio a pezzi di ca. 5 mm ciascuno e mescolate in una ciotola.

3. Aggiungere lo yogurt e la panna per insalata.

4. 2 minuti prima che la pasta sia cotta, aggiungete i piselli nella casseruola e proseguite la cottura.

5. Scolare il composto di pasta in un colino, sciacquare brevemente e scolare bene.

6. Sbucciate le arance con un coltello abbastanza spesso da eliminare la buccia bianca.

7. Togliere i filetti d'arancia dalla pelle, tagliarli a pezzetti, unirli al prosciutto e al

formaggio e mescolare bene. Spremi il limone.

8. Aggiungere la pasta scolata ei piselli nella ciotola e mescolare bene il tutto. Condire con sale, pepe e 2 cucchiaini di succo di limone. Lascia in infusione per 15 minuti. Condire se necessario, prima di servire.

32. Insalata di patate

ingredienti

- 600 g di patate cerose grandi
- sale
- 100 g di cipolla rossa (2 cipolle rosse)
- 3 cucchiai di aceto di mele
- 150 ml di brodo vegetale classico
- ½ cucchiaino di sciroppo d'agave
- 1 ½ cucchiaio di olio di colza
- 500 g di cetriolo (1 cetriolo)
- Pepe
- 3 gambi di aneto

Fasi di preparazione

1. Lavate le patate e fatele cuocere in acqua bollente per circa 20 minuti. Scolare,

dissetare, pelare finché è ancora caldo e lasciar raffreddare.

2. Affettare le patate e condire con sale. Pelare le cipolle e tagliarle a dadini.

3. Portare a ebollizione i cubetti di cipolla con l'aceto, il brodo e lo sciroppo d'agave. Versare il brodo bollente sulle patate.

4. Aggiungere l'olio e mescolare il tutto. Lasciate in infusione per 30 minuti, mescolando delicatamente più spesso.

5. Mondare e lavare il cetriolo e tagliarlo a fettine molto sottili. Mescolare con l'insalata, aggiustare di sale e pepe e lasciare riposare l'insalata per altri 10 minuti.

6. Nel frattempo lavate l'aneto, shakerate per asciugare, staccate le bandierine, tritatele finemente, mescolate con l'insalata di patate e servite.

33. Insalata di avocado bulgur

ingredienti

- 200 ml di brodo vegetale classico
- 100 g di bulgur
- 200 g di peperone rosso (1 peperone rosso)
- 3 cipollotti
- ½ menta
- 1 limone
- 140 g di avocado piccolo (1 avocado piccolo)
- 2 cucchiai di olio d'oliva
- ½ cucchiaino di miele liquido
- ½ cucchiaino di cumino macinato
- sale

- Pepe
- 100 g di formaggio di pecora a ridotto contenuto di grassi

Fasi di preparazione

1. Portare a ebollizione il brodo vegetale, aggiungere il bulgur, coprire e cuocere a fuoco lento per 5 minuti. Spegni il fornello e lascia gonfiare il bulgur per altri 5-10 minuti.

2. Nel frattempo, tagliare a quarti, togliere il torsolo, lavare e tagliare il peperone.

3. Mondate e lavate i cipollotti e tagliateli a rondelle sottili.

4. Lavare la menta, shakerare per asciugare, staccare le foglie e tagliarle a listarelle. Taglia a metà il limone e spremi il succo.

5. Taglia a metà l'avocado, rimuovi il nocciolo. Pelare l'avocado e tagliare a cubetti la polpa.

6. Mettere la polpa di avocado in un'insalatiera e mescolare subito con 1 cucchiaio di succo di limone in modo che non diventi marrone. Aggiungere il bulgur, il peperone, la menta e i cipollotti.

7. In una piccola ciotola sbatti il succo di limone rimasto, l'olio d'oliva, il miele, il cumino, il sale e il pepe. Versare sopra gli ingredienti preparati e mescolare il tutto. Aggiustare di sale e pepe.

8. Dividi l'insalata in due piatti. Sbriciolate il pecorino con una forchetta e cospargetelo sopra.

34. Halloumi fritto con insalata

ingredienti

- 200 g di halloumi (formaggio grigliato / al forno; ripiano refrigerante)
- 1 cucchiaino di olio d'oliva
- sale
- Pepe
- 80 g di rucola (1 mazzetto)
- 1 tubero di finocchio
- 1 cipolla rossa grande
- 400 g di pomodorini
- 4 cucchiai di pesto verde (vetro; ripiano refrigerante)

Fasi di preparazione

1. Tagliate il formaggio a fettine. Spennellare le fette di formaggio con olio d'oliva e condire con sale e pepe. Grigliare su entrambi i lati fino a doratura su una griglia da tavolo.
2. Nel frattempo lava, pulisci e centrifuga la rucola. Mondare e lavare il finocchio e tagliarlo a fettine sottilissime. Pelare la cipolla e tagliarla a fettine sottili.
3. Lavate i pomodori, asciugateli e metteteli sulla griglia. Disporre nei piatti la rucola, il finocchio e le cipolle e adagiarvi sopra le fette di formaggio grigliate.
4. Condire ogni formaggio con 1 cucchiaio di pesto, aggiungere i pomodori grigliati e condire con sale e pepe. Servite subito.

35. Insalata tailandese di cetrioli

ingrediente

- 1 cucchiaio di salsa di soia
- 4 cucchiai di aceto di riso
- 2 cucchiaini di salsa di pesce tailandese
- 2 cucchiaini di olio di sesamo
- 2 cucchiai di zucchero di canna grezzo
- 1 peperone rosso
- 1 kg di cetriolo (2 cetrioli)
- sale
- ½ fret basilico tailandese
- 3 gambi di menta
- 50 g di noccioli di arachidi tostati

Fasi di preparazione

1. Mescolare la salsa di soia, l'aceto di riso, la salsa di pesce, l'olio di sesamo e lo zucchero in una ciotola.

2. Tagliare a metà il peperone nel senso della lunghezza, eliminare il torsolo, lavarlo e tritarlo. Aggiungere alla salsa di aceto di riso.

3. Lavare i cetrioli, tagliarli a metà nel senso della lunghezza e raschiare i semi.

4. Tagliare il cetriolo a mezzelune sottili, salare leggermente e scolare in uno scolapasta per 10 minuti.

5. Mescolate il cetriolo sgocciolato con la salsa e lasciate in infusione per 15 minuti (marinate).

6. Nel frattempo lavare il basilico e la menta, shakerare per asciugare, cogliere le foglie e tagliarle a listarelle sottili.

7. Tritate le arachidi molto finemente. Unisci le arachidi e le erbe nell'insalata di cetrioli appena prima di servire.

36. Pane croccante e insalata di formaggio

ingredienti

- 120 g di pane integrale di segale (3 fette)
- 30 g di uva sultanina
- 4 cucchiai di aceto di frutta
- sale
- Pepe
- 4 cucchiai di olio di cartamo
- 300 g di mele (p. Es., Elstar, 2 mele)
- 1 ½ mazzetto di ravanello

- 100 g a fette formaggio (p. es., leerdammer, 17% di grassi assoluti)
- 1 mazzetto di prezzemolo a foglia piatta

Fasi di preparazione

1. Tagliare il pane a cubetti di 1 cm e arrostirli in una padella non unta a fuoco medio per circa 4 minuti fino a renderli croccanti. Mettete su un piatto e lasciate raffreddare.

2. Nel frattempo sciacquate l'uva sultanina con acqua calda e scolatela. Mescolare l'aceto di frutta con un po 'di sale, pepe e olio di cartamo per preparare un condimento per l'insalata.

3. Lavare le mele, tagliare ogni mela dai 4 lati verso il centro in fette spesse circa 5 mm, tagliare le fette a cubetti. Mescolare i cubetti di mela e l'uva sultanina con il condimento.

4. Lavate, scolate e mondate i ravanelli. Mettere da parte piccole foglie di ravanello; Tagliare a quarti i ravanelli.
5. Tagliare le fette di formaggio in quadrati di 2 cm. Lavate il prezzemolo, asciugatelo e spennatelo con le foglie.
6. Mescolare il formaggio, il prezzemolo e le foglie di ravanello, i ravanelli e il condimento di mele. Aggiustare di sale e pepe.
7. Mettere la lattuga in un contenitore per alimenti ben chiuso e capiente (contenuto di circa 1,5 l) per il trasporto. Mettere i cubetti di pane in un contenitore per alimenti più piccolo (capacità di circa 500 m) e cospargere l'insalata di formaggio e ravanelli prima di servire.

37. Insalata di rucola e mango

ingredienti

- 125 g di rucola
- 1 mango piccolo
- 1 peperone rosso
- 1 mazzetto di cipolline
- 2 cucchiai di aceto balsamico
- 1 cucchiaino di senape di Digione granulare
- 2 cucchiaini di miele liquido
- sale
- Pepe

- 7 cucchiai di olio d'oliva
- 250 filetti di petto di pollo
- ½ cucchiaino di curry in polvere

Fasi di preparazione

1. Pulisci, lava e asciuga la rucola.
2. Pelate il mango, tagliate prima la polpa dal nocciolo, poi tagliatelo a cubetti.
3. Tagliare a quarti, togliere il torsolo, lavare e tagliare a dadini il pepe. Lavate e mondate i cipollotti e tagliate il bianco e il verde chiaro a rondelle sottili.
4. Mescolare aceto, senape e miele con un po 'di sale e pepe, versare 6 cucchiai di olio e sbattere in una salsa per insalata (vinaigrette).
5. Tagliare il petto di pollo a fettine sottili e appiattirlo (piatto) tra 2 strati di pellicola trasparente.
6. Mescolare la rucola con i cipollotti e la vinaigrette. Trasferire in un piatto e cospargere con i cubetti di mango e pepe.

7. Condire le fette di pollo con sale e pepe e friggerle nel restante olio caldo in una padella antiaderente per 1–2 minuti per lato.

8. Cospargere il pollo con il curry e girarlo brevemente. Aggiungere subito all'insalata e servire.

38. Insalata di patate verdi

ingredienti

- 300 g di patate cerose (3 patate cerose)
- sale
- 1 cipolla rossa
- 2 cucchiai di aceto di mele
- 150 ml di brodo vegetale classico
- 2 cucchiai di olio di colza

- Pepe
- 80 g di lattuga di agnello
- 1 mazzetto di erba cipollina
- 1 mela
- 70 g di prosciutto di salmone

Fasi di preparazione

1. Lavate le patate e fatele cuocere in acqua bollente per 20-25 minuti. Quindi scolate, sciacquate sotto l'acqua fredda, pelate e lasciate raffreddare.

2. Tagliare a fettine le patate raffreddate, aggiustare di sale e metterle in una ciotola. Pelare la cipolla e tritarla finemente.

3. Portare a bollore in un pentolino i cubetti di cipolla con l'aceto e il brodo, versare bollente sulle patate.

4. Aggiungere l'olio e mescolare il tutto. Lasciate in infusione per 30 minuti, mescolando più spesso.

5. Nel frattempo pulire la lattuga di agnello lasciando intatte le radici in modo che le foglie rimangano unite. Lavare la lattuga e asciugarla accuratamente. Lavare l'erba cipollina, scuoterla per asciugarla e tagliarla a rotoli fini.

6. Lavare, tagliare in quarti e togliere il torsolo dalla mela e tagliarla a spicchi fini.

7. Tagliate il prosciutto di salmone a listarelle sottili.

8. Condire l'insalata di patate con sale e pepe. Aggiungere la lattuga di agnello, gli involtini di erba cipollina, le strisce di prosciutto e le fette di mela all'insalata e mescolare.

39. Insalata di papaya con cetriolo

ingredienti

- 900 g di papaya (2 papaya)
- 1 kg di cetriolo (2 cetrioli)
- 2 limoni biologici
- 1 cucchiaio di miele di fiori liquido
- 1 cucchiaio di olio d'oliva
- 3 gambi di menta

- ½ erba cipollina
- sale

Fasi di preparazione

1. Pelare le papaie e tagliarle a quarti nel senso della lunghezza. Togliere il torsolo dalla polpa e tagliarla a fette di circa 5 mm di spessore. Trasferisci in una ciotola capiente.

2. Lavare e pelare i cetrioli, tagliarli a metà nel senso della lunghezza e togliere il torsolo con un cucchiaio. Tagliate in diagonale a fettine anche di circa 5 mm di spessore e aggiungetele alla papaia.

3. Lavate 1 limone con acqua calda, asciugatelo e grattugiate finemente la buccia. Sbucciare entrambi i limoni in modo tale da eliminare anche la buccia bianca.

4. Tagliare i filetti di limone tra le bucce separate e tagliarli a metà trasversalmente. Aggiungere i filetti e la

scorza di limone grattugiata al composto di papaia e cetriolo.

5. Unisci miele e olio d'oliva in una piccola ciotola. Mescolare con papaya, cetriolo e filetti di limone e lasciare riposare l'insalata per circa 15 minuti.

6. Nel frattempo lavate la menta e l'erba cipollina e shakerate per asciugare. Cogliere le foglie di menta e tagliarle a listarelle, l'erba cipollina a panini.

7. Aggiungere l'erba cipollina e la menta all'insalata. Condire a piacere con un po 'di sale e servire o mettere in un contenitore per alimenti ben chiuso (capacità 1,5 l circa) per il trasporto.

40. Lattuga romana grigliata con condimento alla menta

ingredienti

- 30 g di pinoli (2 cucchiai)
- 2 gambi di menta
- 3 cucchiai di olio d'oliva
- sale
- Pepe
- 1 cucchiaio di succo di limone
- 600 g di cuore di insalata romana (4 cuori di insalata romana)
- 30 g di parmigiano (1 pezzo; 30% di grasso sulla sostanza secca)
- 200 g di pane integrale di farro

Fasi di preparazione

5. Tostare i pinoli in una padella calda a fuoco medio senza grassi. Nel frattempo lavate la menta, scuotetela per asciugarla e privatela delle foglie. Frullare finemente le foglie con olio e 2-3 cucchiai d'acqua. Condite con sale, pepe e succo di limone.

6. Lavate i cuori di lattuga, scuoteteli per asciugarli e tagliateli a metà nel senso della lunghezza. Spennellare con 1 cucchiaio di olio condimento e cuocere per 5 minuti sulla griglia preriscaldata, girando di tanto in tanto. Nel frattempo affettate il parmigiano.

7. Disporre i cuori di lattuga su un piatto da portata, irrorare con il restante olio di condimento e spolverare con pinoli e parmigiano.

8. Arrostire la baguette sulla griglia e servire con l'insalata.

CAPITOLO CINQUE
Spiedini alla griglia

41. Salsicce da cocktail su un bastone

ingredienti

- 48 mini salsicce
- 100 g di gouda a fette
- 24 stuzzicadenti

Fasi di preparazione

1. Infilzare 2 salsicce ciascuna su uno stuzzicadenti.
2. Scorticare il formaggio, tagliarlo a listarelle, coprire con loro gli spiedini e cuocere in forno a 200 ° C per circa 5

minuti fino a quando il formaggio non si sarà sciolto.

42. Spiedini di mais e alloro

ingredienti

- 2 pannocchie cotte (lattina o sottovuoto)
- 10 foglie di alloro fresche
- 1 cucchiaio di olio d'oliva
- limone e pepe
- sale
- 1 pizzico di zucchero

Fasi di preparazione

1. Scolare le pannocchie e tagliarle in 6 fette ciascuna.

2. Mettere il mais e le foglie di alloro alternativamente su 4 spiedini alla griglia.

3. Spennellate tutto intorno con l'olio e fate rosolare sul bordo della griglia ben calda per 10-15 minuti girando di tanto in tanto. Condite con pepe al limone, sale e un pizzico di zucchero e servite.

43. Satay con filetto di maiale

ingredienti

- 800 g di carne di maiale
- 3 cucchiaini di pasta di curry verde
- 3 cucchiai di olio di arachidi
- 1 cucchiaino di miscela di 5 spezie
- 2 cucchiai di salsa di soia
- 30 g di noccioli di arachidi salati, tritati finemente
- 5 cucchiai di burro di arachidi
- 130 ml di acqua
- 2 cucchiai di zucchero
- succo di limone
- sale

Fasi di preparazione

1. Tagliate la carne a listarelle. Mescolare l'olio con 2 cucchiaini di pasta di condimento al curry, salsa di soia, 2 cucchiaini di burro di arachidi e 1/2 cucchiaino di polvere di spezie per 5 stagioni. Adagiarvi i pezzi di carne, impastare leggermente e mettere in un luogo fresco per ca. 15-30 minuti. Disporre la carne a forma di onda su spiedini di legno.

2. Arrostire le noci tritate in una padella. Aggiungere l'acqua e il burro di arachidi e portare a ebollizione. Condire a piacere con le restanti 5 spezie, pasta di condimento al curry, sale, zucchero e succo di limone. Lasciate ridurre un po 'la salsa.

3. Grigliare gli spiedini per circa 10 minuti e servire con la salsa.

4. Servire con riso o verdure.

44. Pollo alla citronella su uno spiedino

ingredienti

- 600 g di filetto di petto di pollo
- 2 uova
- 3 cucchiai di pangrattato
- 1 pizzico di scorza di limone grattugiata
- Pepe
- sale
- ½ cucchiaino di curry
- 1 cucchiaino di senape
- uno spicchio di lime per guarnire
- salsa al curry per servire (prodotto finito)
- 12 barrette di citronella

Fasi di preparazione

1. Gira il petto di pollo nel tritacarne. Mescolare con uova, scorza di limone, pangrattato, sale, pepe, curry e senape per realizzare l'impasto di carne.

2. Condire a piacere, dividere in 12 porzioni e spremere ogni porzione attorno a un bastoncino di citronella con le mani. Grigliate tutto intorno sulla griglia per circa 5 minuti. Servire con spicchi di lime e salsa al curry.

45. Involtini di filetto di maiale

ingredienti

- 2 cipolle rosse
- 6 cucchiai di olio d'oliva
- 2 cucchiaini di paprika affumicata in polvere (specialità spagnola)
- 350 g di filetto di maiale

Fasi di preparazione

1. Pelare e tagliare a metà le cipolle e tagliarle a rondelle sottilissime. Unisci l'olio e la paprika in una piccola ciotola.

2. Sciacquare il filetto di maiale, asciugarlo e tagliarlo in 16 fette sottili.

3. Posizionare le fette su un grosso pezzo di pellicola e coprire con un secondo pezzo di pellicola di plastica.

4. Ora schiaccia un po 'piatto con un batticarne o una casseruola pesante. Staccare la pellicola e ricoprire le fette di carne con metà dell'olio alla paprika.

5. Distribuire gli anelli di cipolla sulla carne, arrotolare tutte le fette di filetto in piccoli involtini e disporne 4 su 1 spiedino.

6. Mettere gli involtini su una pirofila di alluminio e spennellarli con il restante olio di paprika. Grigliare per circa 6-8 minuti su ogni lato.

46. Satay di pollo con salsa di arachidi

ingredienti

- 600 g di filetto di petto di pollo (2 filetti di petto di pollo)
- 4 cucchiai di salsa di soia
- ½ cucchiaino di miscela di 5 spezie
- 1 uovo
- 1 rametto di prezzemolo

Per la salsa

- 100 g di burro di arachidi fine
- 100 g di crema di formaggio fraiche
- 50 ml di vino bianco
- 1 cucchiaio di salsa di soia scura
- sale

Fasi di preparazione

1. Tagliare i petti di pollo una volta trasversalmente, ma non tagliarli, disporli in una lunga cotoletta, tagliata in 4 strisce lunghe ciascuna. Incollare l'uovo con la salsa di soia e il composto di spezie e marinare la carne per almeno 30 minuti. Togliere la carne dalla marinata e scolarla bene, adagiarla a forma di onda su 8 spiedini di legno.

2. Per la salsa, mettere tutti gli ingredienti in un boccale alto e frullare energicamente, aggiustare di sale e riempire le ciotole. Friggere gli spiedini su una griglia per ca. 5-8 minuti. Disporre sui piatti 4 spiedini con una ciotola di salsa e servire guarnendo con prezzemolo.

47. Spiedini di tacchino tailandesi

ingredienti

- 500 g di scaloppina di tacchino (4 scaloppine di tacchino)
- 1 lime
- 1 spicchio d'aglio
- 3 cucchiai di salsa di soia
- 1 cucchiaio di olio di sesamo scuro
- 4 cipolle
- 125 ml di brodo vegetale classico
- 100 g di burro di arachidi
- 1 cucchiaio di zucchero
- sale
- fiocchi di peperoncino

Fasi di preparazione

1. Sciacquare le scaloppine di tacchino, asciugarle e tagliarle nel senso della lunghezza in 5 strisce.

2. Pin ogni striscia a forma di onda su 1 spiedino di legno. Mettere gli spiedini in una grande teglia piatta.

3. Tagliare a metà e spremere il lime. Metti 2 cucchiai di succo in una ciotola. Sbucciare l'aglio e spremerlo nel succo di lime usando una pressa per aglio.

4. Incorporare la salsa di soia e l'olio di sesamo. Spennellate gli spiedini di tacchino e lasciate marinare in frigorifero per almeno 1 ora

5. Nel frattempo sbucciate e tagliate a cubetti le cipolle. Mettere i cubetti di cipolla e il brodo in un pentolino e portare a ebollizione. Coprite e cuocete a fuoco basso per circa 20 minuti finché le cipolle non si sbriciolano quasi, mescolando di tanto in tanto.

6. Mescolare il burro di arachidi e lo zucchero nella miscela di cipolle. Condire a piacere con sale, peperoncino a scaglie e 1-2 cucchiai di succo di lime. Se lo si desidera, diluire con un po 'di brodo vegetale e lasciar raffreddare.

7. Scolare un po 'gli spiedini di tacchino, metterli in una grande pirofila di alluminio e grigliare sulla griglia calda per 8-10 minuti, rigirandoli più volte e spennellandoli con un po' di marinata. Servire con salsa di arachidi.

48. Spiedini di salsiccia colorati

ingredienti

- 150 g di mele con la buccia verde (1 mela con la buccia verde)
- 150 g zucchine gialle piccole (1 zucchina gialla piccola)
- 2 cipolle rosse piccole
- 252 g di rost bratwurst di Norimberga a ridotto contenuto di grassi (12 bratwurst di rost di Norimberga a ridotto contenuto di grassi; 22% di grassi)
- 1 cucchiaio di olio di colza
- 1 cucchiaio di senape dolce
- 1 cucchiaio di succo di mela
- pepe dal mulino

Fasi di preparazione

1. Lavate la mela, asciugatela, un quarto, il torsolo e tagliatela a fettine.

2. Lavare le zucchine, pulirle, tagliarle a metà e anche tagliarle a fettine.

3. Pelare e tagliare le cipolle in otto parti.

4. Tagliare a metà le salsicce trasversalmente e incollarle alternativamente con pezzetti di mela, zucchina e cipolla su 6 lunghi spiedini. (Attenzione: se si utilizzano spiedini di legno, metterli in ammollo in acqua per circa 15 minuti prima in modo che non si brucino!) Posizionare gli spiedini in una grande leccarda in alluminio.

5. In una piccola ciotola sbatti l'olio, la senape e il succo di mela, condisci con pepe. Spennellate gli spiedini e cuocete sulla griglia calda per 8-10 minuti, girandoli da 2 a 3 volte.

49. Spiedini di involtini

ingredienti

- 1 mazzetto di basilico
- 720 g di scaloppina di vitello sottile (6 scaloppine di vitello sottili)
- sale pepe dal mulino
- 100 g di ricotta
- 6 fette di prosciutto di parma
- 2 cucchiai di olio vegetale
- 8 lunghi spiedini di legno

Fasi di preparazione

1. Lavare il basilico e shakerare per asciugare, togliere le foglie. Sbattere la cotoletta e condire con sale e pepe, quindi spalmare finemente con la ricotta.

Distribuire sopra le foglie di basilico. Guarnisci ogni cotoletta con 1 fetta di prosciutto di Parma. Arrotolare bene la cotoletta dal lato più stretto. Tagliare gli involtini ai lati in modo che siano tutti della stessa dimensione. Mettere 3 involtini ravvicinati su un piatto piano. Ungere gli spiedini e forare 4 spiedini in modo uniforme negli involtini. Quindi tagliare tra gli spiedini con un coltello affilato, in modo da creare 4 spiedini di lumache.

2. Scaldare 1 cucchiaio di olio in una padella. Friggere gli spiedini di involtino in porzioni a fuoco medio per 3-5 minuti per lato, aggiungendo l'olio rimanente. Servire guarnito con basilico.

50. Spiedini di salsiccia e funghi

ingredienti

- 150 g di scalogni piccoli
- 150 g di piccoli funghi marroni
- 12 foglie di alloro fresche
- 280 g di salsicce di pollame piccole (4 salsicce di pollame piccole; 8% di grasso)
- 2 cucchiai di olio di germe
- sale
- Pepe

Fasi di preparazione

1. Pelare e tagliare a metà gli scalogni. Pulite i funghi con un pennello o carta da cucina e tagliate le estremità dei gambi.

2. Se necessario, raccogliere le foglie di alloro, lavarle e asciugarle tamponando.

3. Tagliate le salsicce in pezzi lunghi 3 cm. Mettere su 4 spiedini alla griglia alternativamente con funghi, scalogni e foglie di alloro.

4. Spennellate gli spiedini con l'olio, aggiustate di sale e pepe. Mettere in una teglia di alluminio e grigliare sulla griglia calda per 8-10 minuti, girando più volte in mezzo.

CONCLUSIONE

Ogni volta che si barbecue, è necessario prendere una decisione importante sul tipo di legna da affumicare da utilizzare. Manzo, maiale, pollame e frutti di mare hanno tutti sapori diversi a seconda del legno. È anche vero che alcuni legni sono associati e completano determinati tipi di carne.

Molti dei migliori esperti di barbecue tacciono quando si tratta di rivelare i loro esatti segreti perché grigliare o fumare con la legna da barbecue è una parte così importante del loro repertorio. Tutto, dal tipo di legno che usano alle loro ricette di salsa a come condiscono la carne prima della grigliatura, può diventare un'arma top secret nella loro ricerca per rimanere in cima al mondo del barbecue.

CPSIA information can be obtained
at www.ICGtesting.com
Printed in the USA
BVHW090529110521
606944BV00004B/644